BEI GRIN MACHT SIC WISSEN BEZAHLT

- Wir veröffentlichen Ihre Hausarbeit, Bachelor- und Masterarbeit

- Ihr eigenes eBook und Buch - weltweit in allen wichtigen Shops

- Verdienen Sie an jedem Verkauf

Jetzt bei www.GRIN.com hochladen und kostenlos publizieren

Bibliografische Information der Deutschen Nationalbibliothek:

Die Deutsche Bibliothek verzeichnet diese Publikation in der Deutschen National-
bibliografie; detaillierte bibliografische Daten sind im Internet über http://dnb.d-
nb.de/ abrufbar.

Impressum:

Copyright © 2016 GRIN Verlag
Druck und Bindung: Books on Demand GmbH, Norderstedt Germany
ISBN: 9783346193681

Dieses Buch bei GRIN:

https://www.grin.com/document/906731

Minh Mai

Die Theorie der Schweigespirale im Social-Media-Zeitalter

GRIN Verlag

GRIN - Your knowledge has value

Der GRIN Verlag publiziert seit 1998 wissenschaftliche Arbeiten von Studenten, Hochschullehrern und anderen Akademikern als eBook und gedrucktes Buch. Die Verlagswebsite www.grin.com ist die ideale Plattform zur Veröffentlichung von Hausarbeiten, Abschlussarbeiten, wissenschaftlichen Aufsätzen, Dissertationen und Fachbüchern.

Freie Universität Berlin

Institut für Publizistik- und Kommunikationswissenschaft Arbeitsstelle
Mediennutzung

Proseminar: Einführung in die empirische Kommunikationsforschung

Sommersemester 2016

Die Theorie der Schweigespirale

im Social-Media-Zeitalter

Inhaltsverzeichnis

1. Einleitung 3

2. Die Theorie der Schweigespirale nach Noelle-Neumann 4

    2.1.   Theoretischer und empirischer Hintergrund 4

    2.2.   Weiterentwicklungen des Ansatzes in virtuellen

Kommunikationsräumen 5

3. Die Schweigespirale im Social-Media-Zeitalter 6

    3.1.   Die Meinungsklimawahrnehmung 6

    3.2.   Die Redebereitschaft 9

    3.3.   Die Isolationsfurcht 11

4. Zusammenfassung und Fazit 14

Literaturverzeichnis 15

1. Einleitung

> Wer feststellt, daß sich seine Meinung ausbreitet, fühlt sich dadurch gestärkt und äußert seine Meinung sorglos, redet, ohne Isolation zu fürchten. Wer feststellt, daß seine Meinung Boden verliert, wird verunsichert und verfällt in Schweigen. (Noelle-Neumann 1989, S. 419 f.)

Die öffentliche Meinung gilt sowohl schon in den antiken Stadtstaaten als auch in der heutigen modernen Gesellschaft als ein ausschlaggebender Faktor im politischen Geschehen, zumal sie einen erheblichen Einfluss auf die freie individuelle Meinungsbildung der Menschen in der Demokratie ausübt. Zu den Meilensteinen der Forschung des öffentlichen Meinungsbildungsprozesses zählt sicherlich das 1974 erschienene Standardwerk „The Spiral of Silence - A Theory of Public Opinion" (S. 43–51) von Elisabeth Noelle-Neumann, welches einen Paradigmenwechsel in der Medienwirkungsforschung darstellte. Die Autorin fand aus Anlass der Gelegenheitsbeobachtung der Bundestagswahlkämpfe zum ersten Mal das Phänomen heraus und forschte in weiteren Untersuchungen den Ansatz nach. Die schon seit mehr als 40 Jahren entstandene Schweigespirale war inhaltlicher und methodischer Kritik von den damaligen Wissenschaftlern ausgesetzt und ist gegenwärtig weiterhin ein umstrittenes Thema. Es gab zahlreiche empirische Studien, die das Konzept Noelle-Neumanns nachzuweisen versuchten, insbesondere im Kontext der computervermittelten Kommunikation. Mit dem nachhaltigen Entwicklungstempo des Internets fungieren heutzutage schon die sozialen Netzwerkseiten als Plattform sowohl für die Wissensvermittlung als auch für die Meinungsäußerung des Individuums. Ihm fällt es wesentlich leichter, nicht nur in den traditionellen Medien, sondern auch in virtuellen Diskussionsforen seine persönliche Meinung zu äußern. Daher hat die Frage nach der Rolle der elektronischen Massenmedien im politischen System, insbesondere die Frage nach der erfolgreichen Anwendung der Schweigespirale auf dem Social Web schon seit Ende des 20. Jahrhunderts ihre Anhänger und ihre Kritiker angefeuert, in der Hoffnung, dass Online-Kommunikationskanäle dabei helfen, Medienpluralismus und Meinungsvielfalt neugestalten zu können.

Von großer Relevanz soll es in der vorliegenden Arbeit der Frage nachgegangen werden, ob und inwieweit sich die Theorie der öffentlichen Meinung von Noelle-Neumann überhaupt im Social-Media-Zeitalter übertragen lässt. Zur theoretischen Basisliteratur zählen nach wie vor die Standardwerke von Noelle-Neumann (1974, 1989 und 2001), Noelle-Neuman & Petersen (2004). Zum empirischen Teil sind auf das grundlegende Buch von Schulz & Rössler (2013) über die Online-Schweigespirale und die internationalen, sich im englischsprachigen Raum befindenden empirischen Studien zurückzugreifen, die den Hauptteil der Arbeit bilden. Es handelt sich hiermit hauptsächlich um einen Ergebnisvergleich zwischen den Sozialforschungen, um das Phänomen der Schweigespirale im Online-Kontext klarer zu verdeutlichen. Auf eine ausführliche Analyse der Herangehensweise bzw. der Operationalisierung kann daher im Rahmen dieser Abhandlung nur am Rande eingegangen werden.

Diese Hausarbeit gliedert sich in drei Hauptabschnitte: als Erstes soll ein Überblick über den theoretischen und empirischen Hintergrund der Schweigespirale gegeben werden, somit zentrale Annahmen der Theorie und deren Weiterentwicklungen in den virtuellen Kommunikationsräumen aufzeigen. Der zweite Absatz widmet sich der Untersuchung der öffentlichen Meinung im Social-Media-Zeitalter, wobei Vergleiche zwischen verschiedenen empirischen Studien in Hinsicht auf die Kerngedanken der Theorie angestellt werden sollen. Der letzte Abschnitt setzt sich mit der Beantwortung der Frage auseinander, ob die Theorie der Schweigespirale im Social-Media-Zeitalter überhaupt übertragbar ist. Ein gezogenes Fazit über die dargestellten Sachverhalte beschließt die gesamte Arbeit.

2. Die Theorie der Schweigespirale nach Noelle-Neumann

2.1. Theoretischer und empirischer Hintergrund

Ursprünglich geht die Entstehung der Theorie der Schweigespirale auf die Beobachtung des Bundestagswahlkampfes 1965 zurück, wobei eine repräsentative Umfrage nach der Wahlabsicht der deutschen Bevölkerung durchgeführt wurde. Den daraus resultierenden Ergebnissen zufolge sprach von einem „Last-Minute-Swing" (unerwartete Wahlabsichtsänderung im Endspurt) und konnte letztendlich von einem sich in Gang setzenden Schweigespiralen-Modell ausgegangen werden (vgl. Roessing 2009, S. 21). Die Theorie enthält als wichtigen Bestandteil die Redebereitschaft des Individuums zur öffentlichen Äußerung und besagt bezüglich „[der] Artikulationsfunktion: [w]er seinen Standpunkt in den Medien kaum vertreten findet, ist mundtot" (Noelle-Neumann 2001, S. 246). Diese Prämisse des Ansatzes veranlasst zu der Annahme, dass man wahrscheinlicher verschweigen würde als seine eigene Meinung ausspricht, wenn er Isolationsangst und Sanktionsmöglichkeiten von der herrschenden Mehrheit verspürt. Um nicht isoliert zu werden, beobachtet der Einzelne ständig das persönliche Umfeld, um einzuschätzen, ob seine individuelle Meinung mit der wahrgenommenen Meinung der Mehrheit konform geht.

Im Prozess der öffentlichen Meinungsbildung spielen die im Gegensatz zueinanderstehenden Begriffen Reden und Schweigen eine bedeutende Rolle, die über das Meinungsklima entscheiden (vgl. ebd., S. 17 f.) und eng mit der Redebereitschaft und der Schweigetendenz zusammenhängen (vgl. Noelle-Neumann 1989, S. 419). Unter dem Begriff Reden ist „nicht nur mündliche Kommunikation, sondern auch das öffentliche Zeigen der Gesinnung durch Verhalten und Symbole" (Roessing 2009, S. 173) zu verstehen. Was und wie der Einzelne in der Öffentlichkeit redet, spiegelt sein Verhalten und seine Denkweise wider, die vermutlich ungewollt gegen die sozialen Normen und Werte verstoßen. Augenscheinlich landet man in diesem Falle aus menschlicher Sanktions- und Isolationsfurcht in der Schweigeneigung, wenn seine persönliche Meinung in der Gesellschaft unerwünscht ist (vgl. Scherer et al. 2006, S. 108).

4

Ganzheitlich ist die Theorie Noelle-Neumanns kontrovers international diskutiert und mehrfach auszusetzen. Dem Anschein nach kann sich die Schweigespirale nicht auf die virtuelle Welt anwenden lassen, „[…] due to the increased diversity of content, audience control and selectivity, interactivity, and social connectivity, as well as the anonymity afforded by the Internet" (Metzger 2009, S. 570). Der Autor ging allerdings davon aus, dass die Übertragung der Schweigespirale ins Internet noch denkbar sei, da Isolationsangst in den sozialen Netzwerkseiten auf unterschiedliche Art und Weise (z. B. „appearing unpopular" oder „socially undesirable") geschürt werden kann (vgl. ebd., S. 570 f.). Im Folgenden soll diskutiert werden, wie sich die Theorie in der computervermittelten Kommunikation weiterentwickelt.

2.2. Weiterentwicklungen des Ansatzes in virtuellen Kommunikationsräumen

Nach dem Terroranschlag auf die Redaktion der Satirezeitschrift Charlie Hebdo im Januar 2015, entstand auf Twitter in Gedenken an die Opfer das erfundene Hashtag #JeSuisCharlie, welches noch am selben Abend des Attentats und einige Tage später mehrfach getwittert und in allen sozialen Netzwerken geteilt wurde. Der Vorfall stellt ein gutes Beispiel dafür dar, wie schnell sich individuelle Meinung in internetbasierten Kommunikationsräumen verbreiten und sich zur öffentlichen Mehrheitsmeinung entwickeln könnte. Wie bereits ausgeführt, besagt der theoretische Ansatz, dass Menschen aus Isolationsdrohung zu verschweigen neigen, statt sich in der Öffentlichkeit zu der eigenen Meinung zu bekennen. Die schon lang vor der digitalen Revolution erschienene ursprüngliche Theorie fokussierte sich aber lediglich auf klassische Massenmedien, darum wären manche der Kernaussagen in der heutigen Zeit nicht mehr gültig und lassen sich in vielen empirischen Studien mehrfach beweisen. Im Zeitalter des in den letzten Jahrzehnten etablierten Internets gelingt es einer Menge sozialer Netzwerke wie Facebook, Twitter und Co., sich im Bereich der Informationsvermittlung bzw. Meinungsbildung und -äußerung in erträglichem Maß anzusiedeln. Im allgemeineren Sinne ist von dem Begriff „Social Media" die Rede, also soziale Medien, die sich auf der „medien- und informationstechnologischen Infrastruktur", also den technischen Gegebenheiten, stützen und dem Online-Nutzer es erlauben, „[sich] mit anderen Nutzern auszutauschen, bringen also dialogische Merkmale mit ins Spiel" (Schmidt 2013, S. 10). In diesem Zusammenhang lässt sich im Werk von Schulz & Rössler (2013) beschreiben:

> Die Macht der Medien verteilt sich auf eine große Zahl professioneller Akteure, die heute am Prozess der Herstellung von Öffentlichkeit beteiligt sind, und außerdem *kann* der öffentliche Meinungsbildungsprozess *potenziell* auch durch Laienkommunikation entscheidend mitgeprägt und angestoßen werden. (S. 229; Hervorhebung wie im Original)

Allerdings wird die Meinungsäußerung in der Online-Kommunikation gelegentlich als ein zweischneidiges Schwert angesehen: einerseits dürfte der Meinungssager anhaltenden Beifall ernten, andererseits „[…] birgt [es] die Gefahr, einen Sturm der Entrüstung zu entfachen" (Khunkham 2014). Stimmt seine Meinung mit der Bevölkerungsmehrheitsmeinung überein, kann von einem Sicherheitsgefühl gesprochen werden; andernfalls lässt er den größtmöglichen Shitstorm von den herrschenden abweichenden Meinungen zuteilwerden.

Nach Noelle-Neumann (1974) mag es das Phänomen der Schweigespirale bei den aktuell moralisch-emotional aufgeladenen Themen auslösen lassen. Daher versuchten zahlreiche Wissenschaftler in den einschlägigen Studien zur Theorie der Schweigespirale, die Gültigkeit des Ansatzes in der internetbasierten Kommunikation in verschiedenen Kontexten nachzuweisen, wie beispielsweise zum Thema Abtreibung (Yun & Park 2011), nationale Sicherheit (Hampton et al. 2014, Stoycheff 2016, Neubaum & Krämer 2016), Homosexualität (Gearhart & Zhang 2014, 2015), Kernenergie (Miyata et al. 2015). Solche Themen können eine gründliche Diskussion entfachen und somit die Wirkung der Massenmedien für die Meinungsbildung aufzeigen (vgl. Noelle-Neumann & Petersen 2004, S. 349; Roessing 2009, S. 77). Dass sich widersprüchliche Ergebnisse aufgrund verschiedener Herangehensweisen und Operationalisierungen unter verschiedenen Bedingungen liefern lassen, wurden die im englischsprachigen Raum recherchierten Studien ausgewählt. Experimentalstudien deuten darauf hin, dass die Theorie der Schweigespirale unter bestimmten Voraussetzungen im Online-Kontext angewendet werden kann (vgl. z. B. Hampton et al. 2014, Gearhart & Zhang 2014). In Feldstudien zeigte sich aber, dass selektive Zuwendung („Selective Exposure") zu Inhalten der Massenmedien und der Laienkommunikation (Neuberger 2009) weder die Meinungsklimawahrnehmung noch die öffentliche Redebereitschaft des Einzelnen beeinflusste; es sei denn, dass sich in der Minderheit fühlende Individuen bereitwilliger ihre Meinung zum Ausdruck bringen als die in der Mehrheit fühlende Individuen (vgl. Porten-Cheé & Eilders 2015, S. 149). Mit dem Erkenntnisinteresse über die Veränderung der individuellen Redebereitschaft anhand unzähliger digital-basierter Kommunikationskanäle zu einem kontrovers diskutierten Thema, beschäftigt sich diese Arbeit mit folgender zentraler Fragestellung:

Inwieweit lässt sich die Theorie der Schweigespirale von Noelle-Neumann im Zeitalter der sozialen Netzwerke übertragen? Schweigt noch die vermeintliche Minderheitsmeinung (also die echte, aber versteckte Mehrheitsmeinung) in der Social-Media-Ära?

Auf der theoretischen Grundlage der Theorie der Schweigespirale und mithilfe der oben genannten empirischen Untersuchungen soll ein Beitrag für ein umfassenderes Verständnis von der Entstehung der Online-Schweigespirale geleistet werden.

3. Die Schweigespirale im Social-Media-Zeitalter

3.1. Die Meinungsklimawahrnehmung

Mittels einem „quasistatistische[n] Organ [der Wahrnehmung] als Bindeglied zwischen individueller und kollektiver Sphäre" (Noelle-Neumann 2001, S. 164) beobachten die Menschen fortwährend ihre soziale Umgebung, um abzuschätzen, welche Verhaltensweise aus Sicht der

Gesellschaft akzeptabel ist und was als unmoralisch gilt. Überdies stehen den Individuen in den heutigen virtuellen Kommunikationsräumen die direkte und indirekte Umwelt zur Verfügung, welche „[…] zwei verschiedene Eindrücke vom Meinungsklima [ausmachen], den Eindruck aus eigenen Originalbeobachtungen und den Eindruck mit den Augen des Fernsehens" (ebd., S. 234). In diesem Zusammenhang sprechen Neuberger (2009) und Schulz & Rössler (2013, S. 42–47) von der Unterscheidung zwischen Inhalten der von indirekter Umwelt bereitgestellten professionellen Kommunikation (dazu zählen z. B. journalistische, kommerzielle und politische Angebote) und Inhalten der Laienkommunikation (wie beispielsweise soziale Netzwerke, Diskussionsforen etc.), die für jedermann öffentliche Meinungsäußerung online besser zugänglich macht als die professionelle. „Damit kann die Laienkommunikation im Internet sowohl eine Funktion *alternativer Medien* wahrnehmen […] als auch eine Thematisierungs- und Artikulationsfunktion, die Noelle-Neumann ursprünglich nur den Massenmedien zugesprochen hatte" (Schulz & Rössler 2013, S. 46 f.; Hervorhebung wie im Original). Daher sollen im Folgenden zwischen den verschiedenen Online-Meinungsklimas (die im Social Web entstandene Kommunikationskanäle) zum Vergleich herangezogen werden.

Mehrere Studien untersuchen die Meinungsklimawahrnehmung des Individuums über die direkte Umwelt in unterschiedlichen Online-Kontexten, insbesondere Facebook (Hampton et al. 2014; Gearhart & Zhang 2014, 2015; Stoycheff 2016; Zerback & Fawzi 2016), Twitter (Miyata et al. 2015), Diskussionsforum (Yun & Park 2011) und Bewertungsportal (Askay 2015). Zerback & Fawzi (2016) gingen der Frage nach, inwiefern die Probanden in der vorgelegten Facebook-Diskussion bereitwillig waren, ihre Ansichten zum Thema Vertreibung gewalttätiger Einwanderer zu äußern. Die Autoren überprüften auch die Hypothese, ob exemplarische Meinungen[1] auf Facebook-Diskussion die wahrgenommene öffentliche Meinung der Teilnehmer und seine Redebereitschaft beeinflusst hätten. Die erzielten Ergebnisse zeigten sich, dass die exemplarischen Meinungen die Wahrnehmung der öffentlichen Meinung bei der Internet-Population beeinflussen würden, bei der generellen Bevölkerung hingegen nicht (vgl. Zerback & Fawzi 2016, S. 9 f.). Es sei denn, dass sich die Meinungen der Teilnehmer an den exemplarischen Meinungen orientierten; die direkte Umwelt der Teilnehmer wurde durch Inhalte der Laienkommunikation wahrgenommen. In der vom amerikanischen Pew Research Center durchgeführten Online-Studie befragten Hampton et al. (2014) die amerikanischen Erwachsenen im Hinblick auf ihre Artikulationsbereitschaft in sozialen Netzwerken, ob sie ihre Meinung zum Thema Enthüllungen Edward Snowdens bei Facebook und Twitter zum Ausdruck bringen würden. Die Ergebnisse wiesen darauf hin, dass 86 Prozent der Befragten in eine Offline-Konversation (z. B. öffentliche Versammlung, im Restaurant mit Freunden) eingestiegen hätten, während nur 42 Prozent von ihnen (Facebook- und Twitter-Nutzern) ihre eigene Meinung in sozialen Netzwerken kundgetan hätten (vgl. ebd., S. 3). Hieraus kann sich sowohl in Offline-

---

[1] Hier wird von Meinungen der deutschen Online-Bevölkerung vertretende Stichprobe von Facebook-Nutzern, also von der Mehrheitsmeinung gesprochen.

als auch in Online-Meinungsklima ergeben, dass die Versuchspersonen zum Gespräch bereitstünden, je mehr ihnen die Mitmenschen zugestimmt hätten. Besonders bemerkenswert in dieser Studie sei auch, dass je kleiner die Gruppe der interpersonellen Kommunikation ist (beispielsweise Abendessen mit Familie), desto mutmaßlicher man sich an solcher Diskussion beteiligen würde. In der Fortschreibung wird in dieser Studie deutlich, dass die Berichterstattung der klassischen Medien mit ihrem hohen Anteil der Quelle als hauptsächliche Informationsvermittler angesehen werden, während diese Quote bei Facebook 15 Prozent, bei Twitter 3 Prozent beiträgt (vgl. ebd., S. 9). Anscheinend spielen die traditionellen Massenmedien eine große Rolle für die Wahrnehmung des Online-Meinungsklimas über die indirekte Umwelt. Allerdings gingen viele Wissenschaftler davon aus, dass eine verzerrte Meinungsklimawahrnehmung nicht nur von den Massenmedien verursacht, sondern tragen wie etwa Charaktereigenschaften eines Individuums auch zum Fortbestehen solcher Verzerrung bei (vgl. Schulz & Rössler 2012, S. 354).

Bisherige Studien konzentrierten sich auf das Meinungsklima in dem größten sozialen Netzwerk Facebook, wobei es dem Nutzer aufgrund aktueller Nutzungsbedingungen eher schwerfällt, seine Identität zu verschleiern, als in anderen Plattformen wie Twitter (Miyata et al. 2015) oder Diskussionsforen (Yun & Park 2011). Kritik entzündet sich nebenbei daran, dass in den etlichen Studien die Herangehensweise als Befragungsform durchgeführt wurde. Das methodische Problem liegt mutmaßlich an der nicht-realistischen, hypothetischen Situation (vgl. Yun & Park 2011, S. 206). Folglich ist die Untersuchung in Diskussionsforen von großem Interesse, da es sich bei denen um eine schon entwickelte, bereitgestellte Umgebung handelt, wobei die Menschenverhalten direkt gemessen werden können (vgl. ebd.). Es ließ sich in der Studie von Yun & Park (2011) zwischen verschiedenen Meinungsklimatas unterscheiden: einem Offline-, einem parallel existierenden Online-Meinungsklima und einem Klima im Diskussionsforum (vgl. S. 207). Dem Befund zufolge besteht kein Zusammenhang zwischen der Offline-Meinungsklimawahrnehmung des Einzelnen und seiner Redebereitschaft in Online-Diskussionsforen, d. h. das in der realen Welt wahrgenommene Meinungsklima beeinflusste keineswegs die „in the cyberspace" (ebd., S. 212) öffentliche bekannte Meinung des Individuums. Darüber hinaus wurde klar, dass wer mit dem mehrheitlichen Meinungsklima übereinstimmte, seine persönliche Meinung bereitwilliger äußerte als die entgegengesetzte Meinung vertretenden Versuchspersonen. Hinzu kommt, dass zwar Individuen zwischen den Offline- und Online-Meinungsklima unterscheiden könnten, „[...] it appears that it is inevitable for human beings to have a certain degree of fear of isolation whether online or offline. It is possible that people may bring their norms and habits of offline social interaction to their online communications" (ebd., S. 216). Vorausgesetzt, dass sich ein Individuum unter einem freundlichen Meinungsklima seine mit der vermeintlichen Mehrheit übereinstimmende Meinung ausdrücken könnte, entscheidet er sich trotzdem zu verschweigen. Somit lässt sich feststellen, dass die Theorie der öffentlichen Meinung durch diese Studie im Rahmen des Diskussionsforums unterstützt werden dürfte. Ob und inwieweit die Meinungsklimawahrnehmung einen Einfluss auf die Redebereitschaft des Einzelnen in den virtuellen Kommunikationsräumen nimmt, soll im nächsten Absatz näher eingegangen werden.

3.2. Die Redebereitschaft

In mehreren internationalen Studien wird die Redebereitschaft („willingness to speak out") empirisch als abhängige Variable berücksichtigt, die mit der Meinungsklimawahrnehmung und der Isolationsfurcht eng zusammenhängt. Scheufle & Moy (2000) sprechen von einer „Schüsselvariable", die wohl für die Forschung der Schweigespirale in Hinsicht der Online-Nutzerverhalten und -reaktionen differenzierter betrachtet werden müsste. Viele Wissenschaftler versuchten in den neuesten Studien dieses Problem umzugehen, indem verschiedene zurechtlegende Reaktionsstrategien („Response Strategies") der Online-Nutzer eingeführt und genauer erklärt werden (Gearhart & Zhang 2014; Stoycheff 2016; Neubaum & Krämer 2016). In Anlehnung an Hayes (2007) ließ sich in der Studie von Gearhart & Zhang (2014, vgl. S. 22) im Kontext des Mobbings wegen Homosexualität die abhängige Variable Redebereitschaft in vier untergeordneten Kategorien angesichts der Beiträge und deren Kommentare unterteilen: Kommentieren, aktives Lesen ohne Kommentieren, völliges Ignorieren, Mitteilung an andere Personen. Die darauf beruhenden Kategoriensysteme wurden ebenfalls mehrfach in den aktuellsten Studien von Stoycheff (2016, S. 301) und Neubaum & Krämer (2016, S. 12 f.) weiterentwickelt. In Anbetracht ihrer Kategorien ist Stoycheff (2016) der Meinung, dass „[a]lthough sharing and liking Facebook news posts do not involve commentary, they do function like other forms of participation […] as a means of publicly expressing one's beliefs and are susceptible to conforming behaviors" (S. 302). In diesem Zusammenhang sollen auch in Anlehnung an McDevitt et al. (2003) und Schulz & Rössler (2013) zwei weitere Rahmenbedingungen in Bezug auf die Äußerungsform nachdrücklich bemerkt und erläutert werden, die in relativ wenigen Studien anzubringen und zu unterscheiden waren. Die eine – „speaking up" – bezieht sich auf sächliche, neutrale Äußerung und sie hinterlässt somit lediglich reine neutrale Ansichten; die andere – „speaking out" – versteht sich als „taking a stand" in der Diskussion, wobei wiederum entweder konstruktive oder scharfe Kritik daran geübt wird (vgl. McDevitt et al. 2003, S. 466). Vor allem kann hier vermutet werden, dass das oben genannte Skalierungsverfahren zu einem genaueren Verständnis beiträgt, genauer zu beleuchten, wie stark die Redebereitschaft eines Individuums bei einer Online-Diskussion schwanken kann.

Das Ergebnis von Gearhart & Zhang (2014) wies darauf hin, wie hypothetisch angenommen, dass die Nutzung von sozialen Netzwerken als der stärkste Prädiktor für die Reaktionsstrategien auf Facebook etablieren konnte. Im Zusammenhang mit der Bereitschaft zur Selbstzensur erwiesen sich nur zwei von insgesamt vier Strategien als signifikant: Individuen hätten sich die vorgelegte Online-Diskussion wahrscheinlicher angeschaut als dazu einen Kommentar hinterlassen (vgl. ebd., S. 27). Je mehr sie sich die Zunge abbeißen wollten, desto unwahrscheinlicher ist es, dass sie etwas in der Öffentlichkeit kommentieren würden. Somit lässt sich daraus ableiten, dass „individuals with high willingness to self-censor may view SNSs [soziale Netzwerke] as a forum to monitor public opinion on important social and political issues without engaging in a traditional form of participation that includes opinion expression" (ebd., S. 32). Gleiche Befunde ließen sich weiterhin in der Studie von Neubaum & Krämer (2016) ausmachen: Wer de facto einen Kontrollverlust und die Sanktionserwartungen wahrnimmt, dem scheint es unwahrscheinlicher, seine Meinung zu vertreten, eher gibt er vor zuzustimmen oder verfällt in Schweigen. Darüber hinaus konnte das Ergebnis zeigen, wie erwartet, dass die Wahrscheinlichkeit der Meinungsäußerung deutlich mehr sank, wenn sich die Probanden an der Online-Kommunikation beteiligten als an der Offline-Kommunikation. Wie von den Autoren postuliert, dass das Internet kein angemessener Platz für deliberative Demokratie zu sein scheint, sondern eher eine den kontroversen Diskussionen bietende Umgebung, wobei sich die Online-Nutzer in Stillschweigen hüllen würden, als in der Face-to-Face-Kommunikation (vgl. ebd., S. 20). Ähnliches zeigte sich ebenfalls bei der Untersuchung von Stoycheff (2016), die sich mit dem ethisch-moralischen Thema der Staatssicherheit in den USA auseinandersetzte, bei dem es um die Entscheidung über fortlaufende Luftangriffe gegen den Islamischen Staat ging. Dem Ergebnis gemäß besteht eine starke negative Korrelation zwischen der Online-Kommunikationsbereitschaft und der von der Mehrheit abweichenden Meinung. Im Klartext heißt es: Je größer der Meinungsabstand zwischen einem Individuum und der beherrschenden Mehrheit, desto unwahrscheinlicher lässt es sich in der Öffentlichkeit zu Worte kommen (vgl. ebd., S. 303).

Zerback & Fawzi (2016) nahmen daraufhin bezüglich der von McDevitt et al. (2003) eingeführten Rahmenbedingungen genauer unter die Lupe, was in facto unter den Teilnehmern in den Online-Diskussionen gesprochen wird. Den Ergebnissen zufolge enthielten zwar mehr als drei Viertel aller Kommentare „speaking out"-Statements; gleiche Befunde gab es auch bei den Anhängern bzw. Gegnern der Vertreibung, wenn sie den entgegengesetzten exemplarischen Meinungen konfrontierten (vgl. Zerback & Fawzi 2016, S. 12). Jedoch hätte mehr als die Hälfte der Teilnehmer (61%) vorgezogen, keine Kommentare zu hinterlassen, unabhängig davon, der Anhänger- oder Gegnergruppe sie angehörten. Nähere Auskünfte zeigten zusätzlich, dass Anhänger der Vertreibung gewalttätiger Einwanderer eher unwahrscheinlicher waren, einen Kommentar zu schreiben oder sich an der Offline-Diskussion teilzunehmen, wenn sie widersprüchliche Meinungen gegenüberstellten (vgl. ebd., S. 13). Die dargestellten Ergebnisse rechtfertigen die Aussage, dass ein Individuum dazu neigt, noch in der virtuellen Welt zu schweigen. Allerdings wenn er sich fest entschließt, seine persönliche Meinung zu äußern, geht es in den meisten Fällen um eine konstruktive oder kritische Meinung.

Aufschlussreicher ist außerdem zu zeigen, dass wer über ein hohes politisches Interesse verfügt, eher dazu tendiert, sich an der öffentlichen Diskussion zu beteiligen, selbst wenn er sich in einer Inkongruenz-Situation befindet (vgl. Gearhart & Zhang 2014, S. 32; Porten-Cheé & Eilders 2015, S. 149). Man beschäftigt sich bereitwilliger mit den ethisch-moralisch aufgeladenen Streitfragen, obgleich wenn er das feindliche Meinungsklima konfrontieren würde. Unterstützt wird diese Argumentation durch Ergebnisse aus der Studie von Miyata et al. (2015) hinsichtlich des Themas Atomkraft auf Twitter, dass ein Wörtchen wahrscheinlicher mitgeredet wird, je höher das politische Engagement vorhanden ist. Es zeigte sich, dass Erkenntnisse einer Person über Kernenergie erweitert werden, wenn sie gegen das gleiche Thema eingestellt ist (vgl. ebd., S. 1137). An dieser Stelle muss man besonders betonen, dass ältere Personen mit höherem Bildungsniveau möglicherweise unbeschönigt ihre persönliche Meinung äußern als die jüngere mit niedrigem Bildungsniveau. Hier wurde die Redebereitschaft einer Person von ihrem Erkenntnisinteresse bestimmt, nicht von der natürlichen Isolationsfurcht. Darüber hinaus gaben in der Studie von Hampton et al. (2014) 60 Prozent der befragten Amerikaner zu, dass sie sich „very" oder „somewhat" für das Thema Snowden-Affäre interessierten, während nur 20 Prozent von ihnen „not interested at all" angaben. Befragten mit geringen Vorkenntnissen und geringem Interesse am Thema hätten eher unwahrscheinlicher ihre eigene Meinung geäußert als die mit großem Interesse (vgl. ebd., S. 16). Daraus kann man ableiten, dass nicht nur die natürliche Isolationsfurcht des Menschen die Redebereitschaft bestimmt, sondern auch der sozioökonomischen Status und das Erkenntnisinteresse am Thema eine bedeutende Rolle spielen. Damit ausführliche Erkenntnisse über den Einfluss auf die Redebereitschaft des Individuums in den virtuellen Kommunikationsräumen gewährleistet werden können, soll im nächsten Absatz die Isolationsfurcht als Grundstein der Theorie der öffentlichen Meinung näher betrachtet werden.

3.3. Die Isolationsfurcht

Im Gegensatz zur Redebereitschaft spricht Noelle-Neumann (1989) in Bezug auf Grund des Schweigens von Isolationsfurcht, die „[…] jedem Menschen angeboren ist und ihn dazu treibt, sich ständig zu bemühen, […] die Gefahr des Zurückgestoßenwerdens, Ausgestoßenwerdens zu vermeiden" (S. 419). Bisherige Studien haben Angst vor sozialer Isolierung des einzelnen Individuums als Mediatorvariable (Neubaum & Krämer 2016) oder unabhängige Variable (Gearhart & Zhang 2015) aufgefasst, die jedenfalls einen beträchtlichen Einfluss auf die Redebereitschaft nehmen. Sieht man sich mit seinem beobachteten sozialen Umfeld nicht im Einklang, sollte man seine Meinung nicht äußern, andernfalls müsste er aber mit der von der Mehrheit ausgehenden Isolationsgefahr gerechnet werden (vgl. Kepplinger 2016, S. 177). Wie unterschiedlich und vielfältig die Isolationsangst ist, hängt prinzipiell in den meisten Fällen von den herangezogenen Themen ab. Ähnlich wie bei der Redebereitschaft lässt sich die Variable Isolationsfurcht anhand verschiedener Kontexte in viel kleineren Ausprägungen unterteilen und interpretieren; grundsätzlich ist in der Studie von Neubaum & Krämer (2016, vgl. S. 11 f.) von drei hauptsächlichen Arten die Rede, die als Ergänzung zu den Sanktionserwartungen stehen:

Angst vor Beurteilung, Angst vor Ablehnung, Angst vor persönlichen Angriffen. Mithilfe der daraus resultierender Ergebnisse kann festgehalten werden, dass die Angst vor Beurteilung vermutlich als signifikantes Anzeichen für die Vermeidungsstrategien dienen dürfte, nämlich Gleichgültigkeitsäußerung, Scheinzustimmung und Nichtssagen (vgl. ebd., S. 14). Außerdem würde ein Individuum eine abweichende Meinung wahrscheinlicher in einem nicht-virtuellen Umfeld äußern als in einem virtuellen, da es eine größere Angst vor persönlichen Angriffen im Internet wahrnimmt als in der interpersonalen Kommunikation. „It appears that it is not necessarily the lack of identifiability but rather the mere mediated nature of online communication that leads [Internet]users to expect personal attacks [insults and aggressive behavior] from their interactants" (ebd., S. 20). Traditionell haben Menschen Angst davor, von der Gesellschaft isoliert zu werden, aber nicht Sanktionen oder Strafverfolgung von der Regierung zu bekommen. Stoycheff (2016) vertritt jedoch die Meinung, dass Angst vor Autoritäten und Regierungen in die Forschung der Schweigespirale miteinbezogen werden sollte (vgl. S. 307). Laut ihrem Studienergebnis würde der Einzelne höchst unwahrscheinlich seine Meinung ausdrücken, wenn er sich abgehört von einem Überwachungsprogramm fühlt oder darüber bewusst ist, da in diesem Falle Anonymität und Nicht-Identifizierbarkeit zu wahren nicht denkbar wäre. In Übereinstimmung mit diesem Befund lässt sich in der Studie von Neubaum & Krämer (2016) bezüglich des allgemeinen formulierten Themas Terrorismusbekämpfung in Deutschland beweisen, dass Individuen aus Angst vor Ausspähung und Rufschädigung in Facebook-Diskussionen mutmaßlicher verstummen als ihre abweichende Meinung vertreten, da dem Freundeskreis wie etwa Familienmitgliedern oder Kollegen solche Diskussion zugänglich gemacht werden kann.

Aufgrund der starken Zunahme der Online-Medien gelingt es dem Internetnutzer anscheinend, Isolationsangst zu überwinden, indem sich Anonymität und Mangel an physischer Präsenz erschaffen lassen (vgl. Neubaum & Krämer 2016, S. 5; Yun & Park 2011, S. 202). Daher sollten die Begriffe der Anonymität und Identifizierbarkeit bezüglich der Isolationsfurcht in der Forschung der Online-Schweigespirale nicht unerwähnt bleiben, die an die Wahrnehmung der eigenen Person zu sich selbst und zu ihrem Kommunikationspartner herangehen (vgl. Schulz & Rössler 2013, S. 95 f.). Beide Begriffe verfügen grundsätzlich über einen gewaltigen Einfluss auf die wahrgenommene Isolationsfurcht der Menschen. Hier lässt sich festhalten, dass der Einzelne womöglich anonymer bleibt, je weniger man über ihn weiß. Dabei muss bedacht werden, dass in den Face-to-Face-Gesprächen „weder eine völlige Anonymität noch eine völlige Nicht-Identifizierbarkeit" (Mayer-Uellner 2003, S. 42) zu erreichen ist, weil in dieser Kommunikation zumindest Merkmale über eine Person wie etwa ihr Gesicht oder Körper unmittelbar zu erkennen sind. In den virtuellen Kommunikationsräumen könnte hingegen von einer absoluten Anonymität ausgegangen werden, „da man im Verborgenen, gewissermaßen im Schutze des Computerbildschirms kommuniziert" (Höflich 1998, S. 146). Inwiefern man in der Lage ist, in der Online-Kommunikation nicht identifiziert zu werden, ist von den unterschiedlichen Plattformen der angebotenen Diskussionsforen abhängig (vgl. Mayer-Uellner 2003, S. 43). Bedeutsam ist aber, dass dem Online-Nutzer genügende Werkzeuge zur Verfügung gestellt werden, um sich aktiver seine eigene aber nicht zu der Mehrheit gehörende Meinung zu äußern, ohne Sanktionen befürchten zu müssen. Hohe Anonymität führt zur niedrigen Sanktionserwartungen (vgl. Neubaum & Krämer 2016, S. 7). Theoretisch dürften „[...] die in virtuellen Kommunikationsräumen mögliche Anonymität [...], mangelnde soziale Präsenz und fehlende soziale Hinweisreize die Isolationsfurcht hemmen bzw. Sanktionsmöglichkeiten durch die soziale [unmittelbare] Umwelt eindämmen" (Schulz & Rössler 2013, S. 174). Allerdings „[...] the expression of online opinions [in today's Internet age] leaves digital footprints, inextricably linking individuals to political views they shared weeks, months, and even years prior" (Stoycheff 2016, S. 298). Es ist anzuerkennen, dass beispielsweise Beiträge auf Facebook und die dazugehörigen Kommentare ggf. sichtbar, verfolgt und für bestimmte Zwecke gespeichert werden können. Darauf ist aber hinzuweisen, dass sich Teilnehmer in Diskussionsforen unter Pseudonymen an Debatten teilnehmen können, ohne dass ihre echte Identität in der Öffentlichkeit aufgedeckt wird (vgl. Schulz & Rössler 2013, S. 99). Untersuchungen in solcher Plattform waren in der Studie von Yun & Park (2011), Askay (2015) und Porten-Cheé & Eilders (2015) durchzuführen, in denen die Anonymität eine bedeutendere Rolle spielen als in den soziale Netzwerken. Es lässt sich anhand der Ergebnisse zweifelsfrei belegen, dass Individuen signifikanter gesprächsbereit waren, wenn sie einen fingierten Namen in Foren benutzten als in der Face-to-Face-Kommunikation (vgl. Porten-Cheé & Eilders 2015, S. 149).

Nichtsdestotrotz ist es unbedingt erforderlich, die Persönlichkeitsmerkmale der Menschen als eine der möglichen Moderatoren des Schweigespiralprozesses näher zu betrachten. „Ob er [ein Individuum] selbstbewusst oder eher ängstlich ist, ob er gerne provoziert oder sich eher zurückhält, spielt [...] für seine Redebereitschaft eine große Rolle" (Schulz & Rössler 2013, S. 152). Es lassen sich von vielen Wissenschaftlern mehrere Persönlichkeitsattribute (beispielsweise Extraversion, Offenheit, Verträglichkeit etc.; vgl. ebd., S. 153) unterteilen, jedoch wird im Rahmen dieser Hausarbeit die Rede- oder Kommunikationsangst betrachtet. Von Natur aus haben einige Personen „Furcht vor Kommunikation", „Schüchternheit", „Entfremdung" und „Peinlichkeit" (Roessing 2009, S. 180). Sie ängstigen sich, wenn sie vor kleiner Gruppe oder großem Publikum vortragen müssen. McCroskey (1978) führte in diesem Zusammenhang erstmals den Begriff „communication apprehension" ein und definierte ihn als „an individual's level of fear or anxiety associated with either real or anticipated (oral) communication with another person or persons" (S. 192). Es hat dem Anschein, dass dies die Theorie Noelle-Neumanns überlappen könnte, wobei sich Isolationsangst auf ausgelöste Debatte bestimmter Themen beruht (vgl. Neuwirth et al. 2007, S. 453). Diese Annahme soll in der Studie von Zerback & Fawzi (2016) bestätigt werden, deren Ergebnisse zufolge die Teilnehmer unwahrscheinlicher einen Kommentar online schrieben und an einer Offline-Diskussion teilnahmen, wenn sie entgegengesetzte Meinung konfrontiert mussten (vgl. S. 13).

Es lässt sich mitunter bemängeln, dass in den meisten Studien lediglich ungewöhnliche Probanden untersucht werden, die aus der WEIRD-Gesellschaft (Western, Educated, Industrialized, Rich, und Democratic) stammen und daher keine repräsentative Stichprobe darstellen (vgl. Henrich et al. 2010). Die westliche Welt stellt keinerlei die gleiche soziale Erwünschtheit mit der z. B. ostasiatischen Gesellschaft. Einigen Studien zufolge wird außerdem behauptet, dass Angst vor Isolation und Sanktionen in den ostasiatischen Ländern immer noch verbreitet ist als in den abendländischen Ländern (Kim & Markman 2005). Unterschiedliche Kulturen führen zu unterschiedlichen Denkweisen und Einstellungen, die teilweise dazu beitragen, unterschiedliche Wahrnehmungen der öffentlichen Meinungen zu gestalten. Daher sind die Studien von Miyata et al. (2015) in Japan und Kim et al. (2014) in Südkorea vorzulegen, um eine deutlichere Anschauung des Schweigespirale-Ansatzes in den nicht-abendländischen Ländern zu erzielen. Den Ergebnissen zufolge kann von einem verstärkten Effekt der Schweigespirale ausgegangen werden, da in der koreanischen Internetkultur Angst vor z. B. Cyber-Mobbing, Online-Flaming und personellen Angriffen an der Spitze liegt, die zu einer Reihe von Selbstmördern von Prominenten und Jugendlichen führten (vgl. Kim et al. 2014, S. 726 f.). Sonderlich ist aber, dass die Studie von Miyata et al. (2015) ausschließlich auf Twitter wegen ihrer dominanten Position (35 Mio. aktive Nutzer) gegenüber Facebook fokussiert wurde (vgl. Purnell 2016). Wichtige Gründe hierfür dürften sein, dass die japanische Gesellschaft die Privatsphäre bzw. die Anonymität des anderen in großem Maße respektiert, was bei Twitter zur Verfügung gestellt wird, bei Facebook aber nicht mehr erlaubt ist. Somit ist zu schlussfolgern, dass die Theorie der Schweigespirale im Online-Kontext in den ostasiatischen Ländern immer noch angewendet werden kann.

4. Zusammenfassung und Fazit

Zusammenfassend lässt sich feststellen, dass die Übertragung der Theorie der öffentlichen Meinung von Noelle-Neumann in virtuellen Kommunikationsräumen nur unter bestimmten Voraussetzungen erfolgt. Damit ein Schweigespiraleprozess im Social-Media-Kontext ausgelöst werden kann, braucht es in erster Linie einen erheblichen Bedarf an ethisch-moralischen aufgeladenen Themen, um die Aufmerksamkeit des Online-Publikums zu erregen und somit polarisierende Standpunkte und vielfältige Meinungen zu erzeugen, die die Entstehung der Schweigespirale ausmacht. Durch diesen entscheidenden Faktor kann gemessen werden, ob und inwieweit sich ein Individuum auf eine Online-Diskussion einlassen würde. Ein allzu wenig emotional aufgeladenes Diskussionsthema wie etwa Natur- und Umweltschutz soll in weiteren Forschungen der Schweigespirale außer Acht lassen, wobei es nicht infrage steht und daher leicht nicht zur Kenntnis genommen wird. Da das Internet sowohl als Quelle für die Informationsbeschaffung als auch als Forum für die Meinungsäußerung fungiert, ist es dem Online-Nutzer die Zuwendung zu dieser Plattform sicherlich bedeutsam. Daher soll, als zweite Voraussetzung, die indirekte Umwelt in der virtuellen Welt über die professionelle Online-Kommunikation (z. B. Beiträge von Journalisten, Weblogs von Unternehmen, Politikern usw.) – wie in der interpersonalen Kommunikation über die massenmediale Berichterstattung – von den Individuen wahrgenommen werden, sodass die Meinungsklimaabschätzung der Individuen hervorgerufen werden kann. Tendenziell dreht sich der Prozess der öffentlichen Meinung in den sozialen Netzwerkseiten aber langsamer, wobei mit der Konkurrenz zwischen den Online-Akteuren mitgehalten werden muss (vgl. Schulz & Rössler 2013, S. 229).

Die Modellierung der Theorie der öffentlichen Meinung Noelle-Neumanns setzte sich mit dem Schweigen lediglich aus Isolationsfurcht, also die soziale Natur des Menschen, auseinander. Des Weiteren haben bisherige Studien die Redebereitschaft mit der Analyse der verschiedenen Reaktionsstrategien des Individuums zwar genauer betrachtet, bedarf es aber einer sorgfältigeren Operationalisierung des strategischen Schweigens. Daher sollen zukünftige Studien unterschiedliche Vermeidungsstrategien der Individuen in Betracht ziehen. Einigen Studien zufolge wird angenommen, dass die medial vermittelte Kommunikation keinerlei als alternative Plattform für die eher verstummenden Online-Nutzer fungiert. Trotzdem ist es eine Möglichkeit, der schweigenden Minderheit die Online-Diskussionsforen anzubieten, nicht ganz auszuschließen, da die Theorie der Schweigespirale in dieser Studie lediglich unter freundlichem Meinungsklima überprüft wurde. Nicht in Betracht gezogen sei feindliches Meinungsklima, das zum Teil die Einstellungen der Befragten beeinflussen könnte. Solche Begrenzungen sollen in weiteren Studien aufgehoben und genauer beleuchtet werden.

In dieser Arbeit wurde nachgewiesen, dass die Theorie der Schweigespirale im Social-Media-Zeitalter übertragbar ist. Die Frage, ob sie sich überhaupt übertragen lässt, bleibt dennoch offen und sollte mehrerer empirischer Überprüfungen unterzogen werden. Weiterhin wird die Übertragbarkeit der Theorie Noelle-Neumanns in den virtuellen Kommunikationsräumen noch viel diskutiert und aktualisiert werden.

Literaturverzeichnis

Askay, D. A. (2014). Silence in the crowd: The spiral of silence contributing to the positive bias of opinions in an online review system. In: *New Media & Society 17* (11), S. 1811–1829. DOI: 10.1177/1461444814535190

Gearhart, S., & Zhang, W. (2014). Gay Bullying and Online Opinion Expression. Testing Spiral of Silence in the Social Media Environment. In: *Social Science Computer Review 32* (1), S. 18–36. DOI: 10.1177/0894439313504261.

Gearhart, S., & Zhang, W. (2015). Same Spiral, Different Day? Testing the Spiral of Silence Across Issue Types. In: *Communication Research*. DOI: 10.1177/0093650215616456.

Hampton, K., Rainie, L., Lu, W., Dwyer, M., Shin, I., & Purcell, K. (2014). *Social Media and the 'Spiral of Silence'*. Pew Research Center. Washington, DC. Online verfügbar unter http://www.pewinternet.org/2014/08/26/social-media-and-the-spiral-of-silence (letzter Abruf am 10.08.2016).

Hayes, A. F. (2007). Exploring the Forms of Self-Censorship. On the Spiral of Silence and the Use of Opinion Expression Avoidance Strategies. In: *Journal of Communication 57* (4), S. 785–802. DOI: 10.1111/j.1460-2466.2007.00368.x.

Henrich, J., Heine, S. J., & Norenzayan, Ara (2010). The weirdest people in the world? In: *The Behavioral and brain sciences 33* (2-3), 61-83; discussion 83-135. DOI: 10.1017/S0140525X0999152X.

Höflich, J. R. (1998). Computerrahmen und Kommunikation. In: E. Prommer, & G. Vowe (Hrsg.), *Computervermittelte Kommunikation. Öffentlichkeit im Wandel*. Konstanz: UVK Medien Verlagsgesellschaft, S. 141–176.

Kaase, M., & Schulz, W. (1989). Massenkommunikation: *Theorien, Methoden, Befunde*. Wiesbaden: VS Verlag für Sozialwissenschaften.

Kaid, L. L. (Hrsg.) (2004). *Handbook of political communication research*. Mahwah, N. J.: Lawrence Erlbaum Associates (LEA's communication series).

Kepplinger, H. M. (2016). Die Schweigespirale. Öffentliche Meinung – unsere soziale Haut. In: Matthias P. (Hrsg.), *Schlüsselwerke der Medienwirkungsforschung*. Wiesbaden: Springer Fachmedien Wiesbaden, S. 173–182.

Khunkham, Kritsanarat (2014). Das Schweigen auf Facebook aus Angst vor Isolation. In: *Die Welt*, 01.09.2014. Online verfügbar unter http://www.welt.de/131802371 (letzter Abruf am 10.08.2016).

Kim, K., & Markman, A. B. (2006). Differences in Fear of Isolation as an explanation of Cultural Differences. Evidence from memory and reasoning. In: *Journal of Experimental Social Psychology 42* (3), S. 350–364. DOI: 10.1016/j.jesp.2005.06.005.

Kim, S.-H., Kim, H., & Oh, S.-H. (2014). Talking About Genetically Modified (GM) Foods in South Korea. The Role of the Internet in the Spiral of Silence Process. In: *Mass Communication and Society 17* (5), S. 713–732. DOI: 10.1080/15205436.2013.847460.

Mayer-Uellner, R. (2003). *Das Schweigen der Lurker. Politische Partizipation und soziale Kontrolle in Online-Diskussionsforen*. München: Verlag Reinhard Fischer (Internet research, Bd. 8).

McCroskey, J. C. (1978). Validity of the PRCA as an index of oral communication apprehension. In: *Communication Monographs Volume 45, Issue 3* (3), S. 192–203. DOI: 10.1080/03637757809375965.

McDevitt M., Kiousis S., & Wahl-Jorgensen K. (2003). Spiral of moderation: opinion expression in computer-mediated discussion. In: *International Journal of Public Opinion Research 15* (4), S. 454–470. DOI: 10.1093/ijpor/15.4.454

Metzger, M. J. (2009). The Study of Media Effects in the Era of Internet Communication. In: R. L. Nabi, & M. B. Oliver (Hrsg.), *The SAGE handbook of media processes and effects*. Los Angeles: SAGE, S. 561–576.

Miyata, K., Yamamoto, H., & Ogawa, Y. (2015). What Affects the Spiral of Silence and the Hard Core on Twitter? An Analysis of the Nuclear Power Issue in Japan. In: *American Behavioral Scientist 59* (9), S. 1129–1141. DOI: 10.1177/0002764215580618.

Nabi, R. L., & Oliver, M. B. (2009). *The SAGE handbook of media processes and effects. Los Angeles: SAGE*.

Neubaum, G., & Krämer, N. C. (2016). What Do We Fear? Expected Sanctions for Expressing Minority Opinions in Offline and Online Communication. In: *Communication Research*. DOI: 10.1177/0093650215623837.

Neuberger, C. (2009). Internet, Journalismus und Öffentlichkeit. In: C. Neuberger, C. Nuernbergk, & M. Rischke (Hrsg.), *Journalismus im Internet. Profession, Partizipation, Technisierung*. 1. Aufl. Wiesbaden: VS Verl. für Sozialwiss, S. 19–105.

16

Neuberger, C., Nuernbergk, C., & Rischke, M. (2009). *Journalismus im Internet. Profession, Partizipation, Technisierung.* 1. Aufl. Wiesbaden: VS Verlag für Sozialwissenschaft.

Neuwirth, K., Frederick, E., & Mayo, C. (2007). The Spiral of Silence and Fear of Isolation. In: *Journal of Communication 57* (3), S. 450–468. DOI: 10.1111/j.1460-2466.2007.00352.x.

Noelle-Neumann, E. (1974). The Spiral of Silence A Theory of Public Opinion. In: *Journal of Communication 24* (2), S. 43–51. DOI: 10.1111/j.1460-2466.1974.tb00367.x.

Noelle-Neumann, E. (1989). Die Theorie der Schweigespirale als Instrument der Medienwirkungsforschung. In: M. Kaase, & W. Schulz (Hrsg.), *Massenkommunikation: Theorien, Methoden, Befunde.* Wiesbaden: VS Verlag für Sozialwissenschaften, S. 418–440.

Noelle-Neumann, E. (2001). *Die Schweigespirale. Öffentliche Meinung - unsere soziale Haut.* 6., erweiterte Neuauflage München: Langen Müller.

Noelle-Neumann, E., & Petersen, T. (2004). The Spiral of Silence and the Social Nature of Man. In: L. L. Kaid (Hrsg.), *Handbook of political communication research.* Mahwah, N.J.: Lawrence Erlbaum Associates (LEA's communication series), S. 339–356.

Porten-Cheé, P., & Eilders, C. (2015). Spiral of silence online. How online communication affects opinion climate perception and opinion expression regarding the climate change debate. In: *Studies in Communication Sciences 15* (1), S. 143–150. DOI: 10.1016/j.scoms.2015.03.002.

Potthoff, M. (2016). *Schlüsselwerke der Medienwirkungsforschung.* Wiesbaden: Springer Fachmedien Wiesbaden.

Purnell, N. (2016). *Twitter Has More Users Than Facebook - in Japan.* Hrsg. von The Wall Street Journal. Online verfügbar unter http://blogs.wsj.com/digits/2016/02/18/twitter-has-more-users-than-facebook-in-japan (letzter Abruf am am 10.08.2016).

Roessing, T. (2009). *Öffentliche Meinung - die Erforschung der Schweigespirale.* Baden-Baden: Nomos. DOI: 10.5771/9783845213668.

Scheufle, D. A., & Moy, P. (2000). TWENTY-FIVE YEARS OF THE SPIRAL OF SILENCE. A CONCEPTUAL REVIEW AND EMPIRICAL OUTLOOK. In: *International Journal of Public Opinion Research 12* (1), S. 3–28. DOI: 10.1093/ijpor/12.1.3.

Schmidt, J. (2013). *Social Media.* Wiesbaden: Springer Fachmedien Wiesbaden.

Schulz, A., & Rössler, P. (2012): The Spiral of Silence and the Internet. Selection of Online Content and the Perception of the Public Opinion Climate in Computer-Mediated Communication Environments. In: *International Journal of Public Opinion Research 24* (3), S. 346–367. DOI: 10.1093/ijpor/eds022.

Schulz, A., & Rössler, P. (2013). *Schweigespirale Online: die Theorie der öffentlichen Meinung und das Internet.* Baden-Baden: Nomos (Internet research, Bd. 43).

Stoycheff, E. (2016). Under Surveillance. Examining Facebooks Spiral of Silence Effects in the Wake of NSA Internet Monitoring. In: *Journalism & Mass Communication Quarterly 93* (2), S. 296–311. DOI: 10.1177/1077699016630255.

Yun, G. W., & Park, S. Y. (2011). Selective Posting. Willingness to post a message online. In: *Journal of Computer-Mediated Communication 16* (2), S. 201–227. DOI: 10.1111/j.1083-6101.2010.01533.x.

Zerback, T., & Fawzi, N. (2016). Can online exemplars trigger a spiral of silence? Examining the effects of exemplar opinions on perceptions of public opinion and speaking out. In: *New Media & Society.* DOI: 10.1177/1461444815625942.

BEI GRIN MACHT SICH IHR WISSEN BEZAHLT

- Wir veröffentlichen Ihre Hausarbeit, Bachelor- und Masterarbeit

- Ihr eigenes eBook und Buch - weltweit in allen wichtigen Shops

- Verdienen Sie an jedem Verkauf

Jetzt bei www.GRIN.com hochladen und kostenlos publizieren